Conrad K. Butler

MEIN ERSTES AUTOBUCH: MARKEN UND LOGOS ENTDECKEN

f /conradpublishing

ALFA ROMEO

Alfa Romeo ist eine renommierte italienische Marke, die Sportwagen herstellt. Das Unternehmen wurde 1906 von Alexandre Darracq in Portello bei Mailand gegründet, wo sich heute der Firmensitz befindet. Im Laufe ihrer Geschichte wurden unter anderem Oberleitungsbusse und Geländefahrzeuge hergestellt, doch es waren die Sportmodelle, die der Marke großen Ruhm verschafften. Besonders die mit dem QV-Symbol (Quadrifoglio Verde - grünes vierblättriges Kleeblatt) gekennzeichneten Modelle sorgen dafür, dass das Herz höher schlägt. Alfa Romeo war die erste Marke, die unter anderem eine Common-Rail-Direkteinspritzung (1997), eine variable Ventilsteuerung (1980), einen Ottomotor mit zwei Zündkerzen pro Zylinder (1914) und ein 6-Gang-Getriebe einsetzte in einem Serienmodell (1967).

Aston Martin ist ein britischer Hersteller von Sport- und Luxusautos. Das Unternehmen wurde 1914 von Lionel Martin und Robert Bamford in Gaydon gegründet. Diese Autos zeichnen sich durch eine elegante Linie, reichhaltige Ausstattung und Liebe zum kleinsten Detail aus. Zur Einzigartigkeit kommt noch die Tatsache hinzu, dass alle Autos der britischen Marke von Hand zusammengebaut werden. Die Zuverlässigkeit der Verarbeitung wird dadurch belegt, dass ca. 75 % der verkauften Autos sind noch fahrbereit. Die meisten von uns kennen diese exklusiven Autos aus Filmen über die Abenteuer des britischen Geheimagenten James Bond. Nicht ohne Grund, denn verschiedene Modelle von Aston Martin „erschienen" in 10 Teilen!

ASTON MARTIN

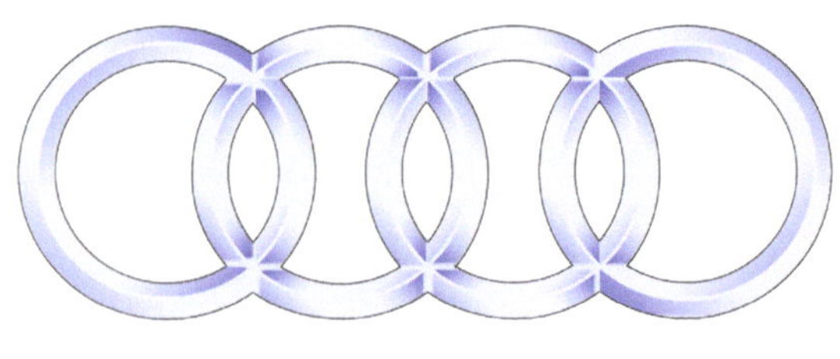

Die Geschichte von **Audi** beginnt zu Beginn des 20. Jahrhunderts, als August Horch nach zahlreichen Komplikationen 1910 sein Unternehmen gründete. Die vier Ringe sind ein Symbol für den Zusammenschluss von vier Marken im Jahr 1932: Audi, Horch, Wanderer und DKW. Das bekannte Motto der Marke „Vorsprung durch Technik" tauchte erstmals 1971 auf. Auf Schritt und Tritt versuchten deutsche Ingenieure, uns von der Richtigkeit dieses Sprichworts zu überzeugen. Im März 1980 präsentierte Audi in Genf den weltweit ersten Personenwagen mit Allradantrieb – das Modell Quattro. 1985 war Audi nach Porsche der zweite Automobilhersteller weltweit, der vollverzinkte Karosserien herstellte.

AUDI

Bentley ist ein in Großbritannien ansässiger Hersteller von Luxussportwagen mit Sitz in Cheshire, Crewe. Sein Gründer im Jahr 1919 war Walter Owen Bentley, der davon träumte, einen Rennwagen zu bauen, der in seiner Klasse unschlagbar sein würde. Sein erstes Auto, den Bentley 3 Litre, stellte er 1921 vor, doch es dauerte drei Jahre, bis der Erfolg einsetzte, als er das Rennen von Le Mans gewann. 1931 wurde die Marke von Rolls-Royce gekauft. Bis in die 1990er-Jahre waren die Nachkriegsmodelle bis auf wenige Ausnahmen reine Sportversionen des Rolls-Royce.

BENTLEY

BMW

BMW ist heute eine der beliebtesten Automarken. Allerdings haben deutsche Ingenieure nicht von Anfang an Autos entworfen. Das Werk wurde 1913 von Gustav Otto und Karl Rapp gegründet und beschäftigte sich zunächst mit der Produktion von Flugzeugen und Motorrädern. Damals entstand das BMW-Firmenlogo, das einen stilisierten Kreis des Propellers in den Farben Bayerns zeigt. Erst 1929 baute BMW sein erstes Serienauto – den BMW 3/15. Seine größte Entwicklung verdankt das Unternehmen Eberhard von Kuenheim.
Er machte BMW nicht nur in Europa, sondern auf der ganzen Welt wichtig. Dank der Veröffentlichung von Modellen wie dem 3.0 CSL, M1 oder M3 E30 durch die BMW-Motorsportabteilung ist unser Puls mehr als einmal in die Höhe geschnellt.

Bugatti ist ein französischer Hersteller exklusiver Sport- und Rennwagen. Der Gründer der Marke im Jahr 1909 war Ettore Bugatti. Seine Autos gewannen fast alle großen Rennen vor dem Zweiten Weltkrieg. Unglücklicherweise war Ettore nach dem Ausbruch der Produktion gezwungen, die Produktion einzustellen, und infolge seines Todes im Jahr 1947 kehrte er nie wieder dorthin zurück. Um die Marke zu reaktivieren, gründete der Italiener Romano Artioli 1987 in Campogalliano die Firma Bugatti Automobili SpA. Es gibt einen Grund, warum das bekannteste Modell heute der Veyron ist. Die Super Sport-Version trägt den Titel des schnellsten Serienautos.

BUGATTI

Buick ist eine amerikanische Marke, die Luxus-Pkw herstellt. Es wurde 1903 vom Designer und Erfinder David Dunbar Buick in Detroit gegründet, wo sich auch heute noch der Hauptsitz des Unternehmens befindet, und ist eines der ältesten noch aktiven amerikanischen Automobilunternehmen. Einer der ersten Eigentümer der Marke war unter anderem William C. Durant. der Schöpfer des mittlerweile großen Konzerns General Motors, zu dem auch Buick gehört.
Im Angebot von GM ist er höher positioniert als Opel, aber niedriger als das Flaggschiff Cadillac. Die drei Schilde im Markenlogo beziehen sich auf das Wappen der Adelsfamilie des Firmengründers.

BUICK

Cadillac ist ein amerikanischer Hersteller von Luxus-Pkw.
Das Unternehmen wurde 1902 von Henry Leland in Detroit gegründet.
Von Anfang an legte die Marke großen Wert auf die Qualität der
Produktion, was für sie sehr profitabel war, da sie bis heute mit
höchster Qualität und Luxus verbunden ist. Ihre Autos wurden von
Sängern, Schauspielern und vor allem von US-Präsidenten gefahren.
Amerikanische Konstrukteure stellten ihre Innovationskraft fast auf
Schritt und Tritt unter Beweis und installierten unter anderem ihre
Modelle zum ersten Mal. elektrische Beleuchtung, elektrischer
Anlasser, V8-Motor, Klimaanlage und vom Armaturenbrett aus
einschaltbare Scheinwerfer.

CADILLAC

Chevrolet ist eine amerikanische Automarke des Konzerns General Motors. Es wurde von dem Schweizer Rennfahrer und Mechaniker Louis Chevrolet und William Durant gegründet. Es gibt viele Versionen des Firmenlogos, aber die wahrscheinlichste ist, als Durant sich von einem Tapetendesign in einem französischen Hotel inspirieren ließ, in dem er während einer Reise im Jahr 1908 übernachtete, und ein Stück davon abriss, um es seinen Freunden zu zeigen, in der Annahme, es würde so sein ein gutes Markenzeichen für eine Automarke sein.

CHEVROLET

Chrysler ist eine der beliebtesten Automarken in den USA. Es wurde 1925 von Walter Chrysler in Auburn Hills gegründet. Chrysler hat mehrere Erfolge bei der Innovation des Automobilmarktes erzielt. 1951 entstand ein Prototyp des V8-Hemi-Motors, und Chrysler war viele Jahre lang sehr erfolgreich – 1987 erwarb es die American Motor Corporation und 1998 fusionierte es mit Daimler-Benz. Neben Pkw produzierte der Konzern SUVs, Sportwagen, Pick-ups und Transporter.

CHRYSLER

Citroen ist eine französische Marke für Personenkraftwagen, Lieferwagen und Lastkraftwagen, die 1919 vom Ingenieur Andre Citroën gegründet wurde. Citroën-Modelle zeichnen sich seit jeher durch ihr originelles, kosmisches Erscheinungsbild, ihr ungewöhnliches Interieur und interessante technologische Lösungen aus. Viele von ihnen gewannen den Titel „Auto des Jahres", darunter GS (1971), CX (1975) oder XM (1990).

CITROEN

Dacia ist ein rumänischer Hersteller von Personenkraftwagen und Transportern. Das Unternehmen wurde 1966 (obwohl seine Ursprünge bis ins Jahr 1943 zurückreichen) in Pitesti gegründet und sein Name stammt von „Dacia", dem Namen des Landes, in dem die Vorfahren der Rumänen lebten. 1999 wurde die Zusammenarbeit mit Renault erneuert, das die Mehrheit der Anteile der rumänischen Marke kaufte. Der Durchbruch für das Unternehmen war 2004, als das Logan-Modell auf den Markt kam. Es brach alle Rekorde in Bezug auf das Dacia-Produktionsvolumen. Seitdem erlebt die rumänische Marke ein Revival und ihre zahlreichen Modelle finden viele Kunden auf der ganzen Welt.

DACIA

Dodge ist eine amerikanische Marke, die Personenkraftwagen herstellt. Die Anfänge reichen bis ins Jahr 1897 zurück, als die Brüder John und Horace Dodge ihr eigenes Unternehmen gründeten - Dodge Brothers Bicycle & Machine Factory, in dem Fahrräder und Maschinenteile hergestellt wurden. Ein sehr wichtiges Ereignis für die Marke war die Einführung von Fahrzeugen mit V8-HEMI-Motor in den 1950er Jahren. Dank ihm erzielte die Marke zahlreiche Erfolge bei Rennen der NASCAR-Klasse. 1966 präsentierten sie den Charger - heute gilt er als eine der Ikonen der Marke.
Damit begann die Ära der sogenannten „Muscle Cars".

DODGE

Ferrari ist ein italienischer Hersteller von Luxussportwagen. Der Hauptsitz befindet sich in der Stadt Maranello. Das Unternehmen wurde 1946 vom legendären Rennfahrer Enzo Ferrari aus Modena gegründet. Im Ferrari-Logo befindet sich ein schwarzes Ross, das auf das Emblem des Flugzeugs von Francesco Baracca, einem Piloten aus dem Ersten Weltkrieg, verweist. Der Hersteller war im Motorsport sehr erfolgreich, unter anderem in der prestigeträchtigsten Serie - der Formel 1. Ferrari-Autos setzen Trends im Supersportwagen-Segment. Sie konkurrieren auf dem Markt mit Marken wie Lamborghini, Porsche, Aston Martin und Maserati.

FERRARI

FIAT ist ein italienischer Hersteller von Personenkraftwagen und Transportern (und einst auch Lastkraftwagen, Landmaschinen und Flugzeugen). Das Unternehmen wurde 1899 von Giovanni Aneglli in Turin gegründet. Ein Jahr später kam ihr erstes Modell, 3 1/2 HP, auf den Markt. Die Marke entwickelte sich schnell und verfügte 1939 bereits über fünf Fabriken. Die Marke erfreut sich in Europa großer Beliebtheit, insbesondere in Italien.

FIAT

Ford ist ein amerikanisches Unternehmen, das Personenkraftwagen, Lieferwagen und Lastkraftwagen herstellt. Es wurde 1903 von einem der bedeutendsten Menschen in der Geschichte der Motorisierung – Henry Ford – in Detroit gegründet. Einen Monat nach der Gründung wird das erste Auto gebaut – das A-Modell, ein echter Hit war jedoch das T-Modell von 1908. Über 19 Jahre lang wurden über 15 Millionen Exemplare produziert, weshalb Ford 1913 als erster weltweit die Massenproduktion einführte, dank derer alle 10 Sekunden ein neues Auto vom Band lief. 1964 schufen die Amerikaner eines der bekanntesten Autos der Welt – den Mustang. Von ihm stammt der Begriff „Pony Car", ein Auto mit kompakter Karosserie, sportlichem Design und leistungsstarkem Motor.

FORD

GMC ist ein amerikanisches Unternehmen, das Sport Utility Vehicles, SUVs und Lastwagen herstellt. Die Ursprünge der Marke reichen bis ins Jahr 1902 zurück, als die Rapid Motor Vehicle Company von Maks Grabowski, einem der ersten Lkw-Hersteller, gegründet wurde. Während des Krieges gehörte ihr CCKW-Modell (mit einer Tragfähigkeit von bis zu 2,5 Tonnen!) zu den Grundlastwagen der amerikanischen Armee. Lange Zeit trugen Modelle solche Markierungen auf ihren Karosserien, bis 1996 schließlich beschlossen wurde, das Wort Truck aus dem Namen zu streichen.

GMC

Honda ist eine japanische Marke, die Personenkraftwagen, Lieferwagen, Motorräder und Motoren für verschiedene Arten von Bau- und Landmaschinen herstellt. Es wurde 1948 auf Initiative von Soichiro Honda in Tokio gegründet. Das erste Fahrzeug der Marke war ein Fahrrad mit 50-cm³-Motor. Ein Jahr später kam das nächste Motorrad auf den Markt. Die Produktion von Honda-Autos begann erst 1953 – das erste war der T360. 1971 wurde die Honda Gold Wing vorgestellt – das erste Motorrad mit Rückwärtsgang. Ein Jahr später beschlossen die Japaner, den ersten in Serie gefertigten Kompaktwagen auf den Markt zu bringen – den Civic. Es erzielte einen großen Markterfolg und bis heute wurden 9 Generationen dieses Autos hergestellt.

HONDA

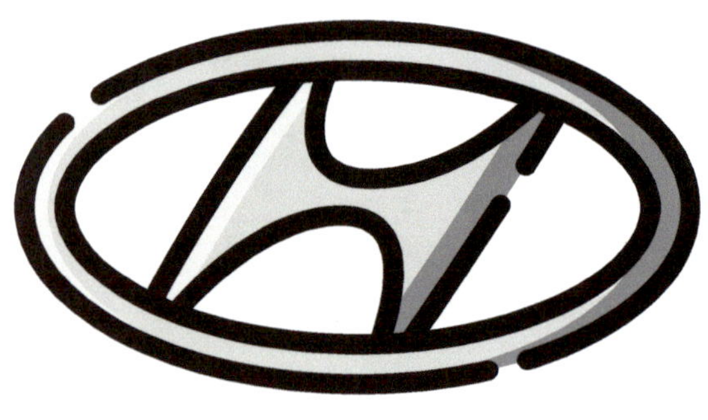

HYUNDAI

Hyundai ist ein südkoreanischer Automobilkonzern. Seine Ursprünge reichen bis ins Jahr 1947 zurück, als Chung Ju-Yung Hyundai Engineering and Construction (damals das größte Bauunternehmen) gründete. Erst 20 Jahre später wurde die Hyundai Motor Company zur Produktion von Autos gegründet. Der Name bedeutet in der Muttersprache (Hyeondae) Modernität und das Logo symbolisiert den Händedruck zweier Menschen. Ein Jahr später wurde das erste Auto gebaut. Es hieß Cotina und basierte auf dem Ford-Modell Cortina. Der Pony war ihr erstes selbst konstruiertes Fahrzeug (1974), doch die Zusammenarbeit mit Ford dauerte bis 1985. Das Unternehmen entwickelt und modernisiert seine Fahrzeugpalette ständig weiter und konzentriert sich dabei vor allem auf deren störungsfreien Betrieb.

Infiniti ist eine japanische Luxusautomarke im Besitz von Nissan. Seine Geschichte beginnt im Jahr 1985, als die Idee geboren wurde, eine Luxusmarke von Grund auf zu gründen. Der Name wurde 2 Jahre später gewählt, er bedeutet „Unendlichkeit". Tatsächlich war die Gründung der Marke Nissans Reaktion auf den Acura (Luxus-Honda). Das erste Infiniti-Auto kam 1989 auf den Markt, genau wie das erste Lexus-Modell - eine exklusive Version von Toyota. Zunächst verkauften die Japaner ihre Autos nur auf dem nordamerikanischen Markt.

INFINITI

Jaguar – Britische Marke für Luxus-Personenwagen, 1922 von Sir William Lyons gegründet, hieß ursprünglich aber Swallow Sidecar Company und verkaufte Motorrad-Beiwagen. Lyons erstes Auto, die zweitürige SS1-Limousine, kam 1932 auf den Markt. In den 1950er Jahren begann die Marke, an Autorennen teilzunehmen, darunter am 24-Stunden-Rennen von Le Mans. Ein Jahr nach der Vorstellung des typischen Sportwagens, des XK120C, holte Jaguar seinen ersten Sieg in Le Mans, und die Zusammenarbeit mit Dunlop führte zur Entwicklung von Scheibenbremsen, die sich als perfektes Rezept für weitere Siege erwiesen. Darüber hinaus triumphierte die Marke in Frankreich noch fünfmal.

JAGUAR

Jeep ist eine amerikanische Marke für Geländewagen, die seit 1941 von der Firma Willys produziert wird. Anfangs produzierte sie ihre Fahrzeuge für die Armee und nach dem Krieg begannen sie mit dem Verkauf von Zivilautos. Der Prototyp - Willys Quad - wurde in nur ... 49 Tagen gebaut! Bis heute ist es eines der beliebtesten Fahrzeuge des Zweiten Weltkriegs. 1950 reservierte sich die Firma Willys den Namen des Jeeps, doch 1945 erschien das erste zivile Modell - der CJ2A. 1962 stellte der amerikanische Hersteller das erste Automatikgetriebe in einem 4x4-Fahrzeug vor. Es war auch das erste 4x4-Modell mit Einzelradaufhängung vorn, am beliebtesten waren jedoch der Wrangler und der Grand Cherokee.

JEEP

KIA

KIA ist Koreas ältestes Automobilunternehmen und produziert Personenkraftwagen und Transporter. Es begann seine Tätigkeit im Jahr 1944, firmierte dann aber unter dem Namen Kyungsung Precision Industries und war in der Produktion von Fahrradteilen tätig. Vor der Veröffentlichung ihres ersten Nutzfahrzeugs im Jahr 1962, der K-360, stellten die Koreaner auch Motorräder her.

Seit den 1970er Jahren wurden viele Kii-Modelle unter einer Lizenz von Mazda gebaut. 1997 stand das Unternehmen kurz vor dem Bankrott. Dann kam Hyundai zur Rettung, kaufte zwei Jahre später Kia-Aktien und gründete das Hyundai-Unternehmen - die Kia Automotive Group. Derzeit entwickelt sich die Marke dynamisch und wird zu einem potenziellen Konkurrenten für renommierte westeuropäische Marken.

Lamborghini - eine italienische Marke, die Luxussportwagen sowie landwirtschaftliche Traktoren herstellt. Das Unternehmen wurde 1948 von Ferruccio Lamborghini gegründet, der zunächst mit der Traktorenproduktion ein Vermögen machte. Die Idee, einen Supersportwagen zu entwickeln, entstand nach Ferruccis Streit mit Enzo Ferrari. Lamborghini fuhr als wohlhabender Mensch ein Auto mit einem schwarzen Ross auf der Motorhaube. Allerdings war er nicht ganz zufrieden mit ihm und als er Enzo einige Änderungen vorschlug, lachte er ihn aus. So entstand 1963 ein Lamborghini 350 GTV mit V12-Motor, der den Autos aus Modena überlegen war. 3 Jahre später wurde Miura gegründet, was die Marke auf der ganzen Welt bekannt machte. Sie war bösartig und schwer zu fahren, faszinierte aber durch ihre Eleganz und subtilen Linien.

LAMBORGHINI

LANCIA

Lancia – eine italienische Pkw-Marke, die 1906 in Turin von Vincenzo Lancia und Claudio Fogolina gegründet wurde. Das 1922 entwickelte Lambda-Modell war Lancias erster großer Markterfolg. Zu den innovativen Lösungen gehörten auch selbsttragende Karosserien und Einzelradaufhängungen an den Vorderrädern. Der Astura (1931) verfügte über eine Motoraufhängung, die die Übertragung von Vibrationen auf das Auto reduzierte, und der Augusta von 1933 war die erste Limousine mit hydraulischen Bremsen. Lancia-Modelle waren von Anfang an für ihre Eleganz und sinnlichen Linien bekannt. Automobilfans werden sich vor allem an Modelle wie den Stratos, 037 oder Delta erinnern, denen die Marke zahlreiche Erfolge im Motorsport verdankt und bis heute das erfolgreichste Team in der Geschichte der WRC ist.

Land Rover ist eine britische Marke für Geländefahrzeuge, die 1948 gegründet wurde. Ursprünglich wurden ihre Modelle von Rover produziert, doch 1975 wurde Land Rover eine eigenständige Marke. Das erste Modell war die Serie I, die in 70 Länder exportiert wurde. Es sollte in der Landwirtschaft und in der Leichtindustrie eingesetzt werden, aber auch das Militär nutzte es. Zehn Jahre später erschien die zweite Generation dieses Modells und 1985 wurde eine dritte hergestellt. Sein Nachfolger war der weltberühmte Defender.

Der erste Range Rover kam 1970 auf den Markt. Er war besser ausgestattet und verfügte über einen 3,5-Liter-V8-Motor, der eine Beschleunigung auf 160 km/h (100 mph) ermöglichte. Die heute bekanntesten Modelle sind neben dem Defender der Discovery (Premiere 1988) und der Freelander (1997).

LAND ROVER

LEXUS

Lexus - japanische Luxus-Pkw-Marke im Besitz von Toyota.
1983 kündigte der Präsident des Konzerns aus dem Land der aufgehenden Sonne den Plan an, eine exklusive Fahrzeuglinie zu schaffen, die mit Limousinen aus Westeuropa konkurrieren könnte. Der Markenname sollte mit Luxus und Eleganz assoziiert werden.
Der erste Sportwagen von Lexus, das SC-Modell mit 4-Liter-V8-Motor, kam zwei Jahre später auf den Markt, 1996 das Sport Utility Vehicle LX auf Basis des Toyota Land Cruiser ein automatisches Parksystem in seinem Flaggschiffmodell LS. Die Japaner begeisterten die internationale Jury mit der Show, bei der das gleiche Modell ohne die Hilfe des Fahrers zwischen den Säulen aus Champagnergläsern parkte, und beschlossen, ihm den Titel „Weltauto des Jahres 2007" zu verleihen.

Lincoln ist eine amerikanische Marke, die Luxus-Pkw herstellt. Es wurde 1917 von Henry Leland zu Ehren von Präsident Abraham Lincoln gegründet. Im Jahr 1922 wurde Lincoln von Ford übernommen und ist bis heute die luxuriöseste Marke im Ford-Konzern und der größte Konkurrent von Cadillac von GM. Im Jahr 1939 entstand das legendäre Continental-Modell, das ganze 9 Generationen erlebte! Hier wurde 1963 auch US-Präsident John F. Kennedy erschossen. Continental ersetzte 2002 das Town-Car-Modell. 1998 wurde das erste SUV der Marke vorgestellt, eines der bekanntesten Lincoln-Modelle heute, das Navigator-Modell, und das dritte Generation wird seit 2007 produziert.

LINCOLN

Lotus ist ein britisches Automobilunternehmen, das Sport- und Rennwagen herstellt. Es wurde 1952 von Colin Chapman, einem der renommiertesten Sportwagendesigner der Geschichte, gegründet. Bekanntheit erlangte die Marke durch die Teilnahme an Formel-1-Rennen. Lotus nahm ab 1954 60 Jahre lang ununterbrochen an ihnen teil und gewann sieben Mal die Weltmeisterschaft. Britische Autos zeichnen sich durch einfache Verarbeitung, gutes Handling und geringes Gewicht aus. Die bekanntesten Modelle der Marke sind Esprit (1976–2004; bekannt unter anderem aus dem James-Bond-Film), Elise – produziert seit 1995, Exige – eine stärkere Version von Elise und Evora, das 2008 auf den Markt kam.

LOTUS

Maserati - ein italienisches Unternehmen, das Sport- und Rennwagen herstellt. Die Ursprünge der Marke reichen bis ins Jahr 1914 zurück, als einer der sechs Brüder der Familie Maserati, Alfieri, seine Werkstatt Officine Alfieri Maserati in Bologna gründete. Bald schlossen sich ihm die übrigen Brüder an, bis auf einen - Mario, der Künstler wurde und dem die Gestaltung des Markenlogos zugeschrieben wird. Er ließ sich vom Neptunbrunnen in seiner Heimatstadt inspirieren. 1958 wurde das erste Maserati-Straßenmodell produziert - der 3500 GT, und 1963 das erste viertürige Modell - der Quattroporte. Die beliebtesten Modelle der Marke sind unter anderem der Quattroporte mit sechs Generationen und der GranTurismo.

MASERATI

MAZDA

Mazda ist eine japanische Marke, die hauptsächlich Personenkraftwagen herstellt. Das Unternehmen geht auf das kleine Unternehmen Toyo Kogyo Co. zurück, das 1920 von Jyujiro Matsuda gegründet wurde. In den 1960er Jahren begann Mazda mit einem Wankelmotor zu experimentieren, bei dem sich ein Kolben in einem Zylinder drehte. So entstand 1967 ihr erstes Modell mit dem gleichen Fahrrad - die 110S Cosmo. 1978 debütierte das Modell RX-7, das ein großer Erfolg war und die 3. Generation erreichte. Letzteres ist besonders bei Tunern aus Japan und den USA beliebt. Sein Motor mit einem Hubraum von nur 1,3 Litern erzeugte mit Hilfe von 2 Turboladern in Serie bis zu 280 PS! Einen seiner größten Erfolge erlebte Mazda mit der Markteinführung des MX-5 im Jahr 1989, einem kleinen zweisitzigen Roadster.

McLaren (ehemals McLaren Cars) ist eine Abteilung des britischen Unternehmens McLaren Group, die Sportwagen auf Basis der Formel-1-Technologie herstellt. Es wurde 1989 von Ron Dennis in Woking gegründet, aber das Formel-1-Rennteam wurde 1963 gegründet. McLarens erstes ziviles Auto war das F1-Modell, das 1991 vorgestellt wurde. Es hatte einen 627 PS starken V12-Motor und keine Servolenkung und Servobremsen oder Traktionskontrolle – alles, um das Gewicht so gering wie möglich zu halten. Die Marke konkurriert mit Ferrari, Porsche und Lamborghini.

MCLAREN

MERCEDES-BENZ

Mercedes-Benz ist eine deutsche Automarke des Konzerns Daimler AG. Unter dem dreizackigen Stern werden Pkw, Transporter, Lkw und Busse produziert. Seine Anfänge reichen bis ins Jahr 1883 zurück, als Karl Benz, Max Rose und Friedrich W. Esslinger Benz & Co. gründeten. Der Name Mercedes leitet sich vom Namen Mercedes Jellinek ab, der Tochter von Emil Jellink, Vertreter von Daimler. Die Wege der Unternehmen Benz und Daimler liefen aufgrund der Veränderungen in der deutschen Wirtschaft zusammen und das Unternehmen Daimler-Benz wurde 1926 offiziell gegründet. Mercedes zeichnet sich vor allem durch Qualität, Innovation und Sicherheit aus und gilt daher als eines der Unternehmen die renommiertesten Marken der Welt. Auch in vielen Rennklassen konnte die Marke zahlreiche Erfolge erringen, u.a. einschließlich Formel 1.

Mitsubishi ist ein japanisches Unternehmen, das 1870 von Yataro Iwasaki gegründet wurde. in der Luftfahrtindustrie, der Verteidigungsindustrie und dem, was uns am meisten interessiert – der Automobilindustrie. Der Name bedeutet auf Japanisch „3 Diamanten" und spiegelt dies im Logo wider. Besonders beliebt bei Automobilfans ist die sportliche Version des Lancer, Evolution, die seit Jahren mit einer anderen Legende, dem Subaru Impreza, in der Rallye-Weltmeisterschaft konkurriert. Der beliebte „EVO" kam jedoch erst 1992 auf den Markt, erlebte seine 10. Generation und endete 2015.

MITSUBISHI

NISSAN

Nissan ist ein japanischer Hersteller von Personenkraftwagen, Lastkraftwagen und Bussen, der zur Nissan Motor Co. gehört.
Die Ursprünge der Marke reichen bis ins Jahr 1911 zurück, als Masujiro Hashimoto in Tokio das Unternehmen Kwaishinsha gründete. Erst 1934 änderte das Unternehmen seinen Namen in Nissan. Nach dem Krieg geriet das Unternehmen in eine Krise, aus der der Konzern in Zusammenarbeit mit British Austin hervorging. Bald darauf wurde Nissan zum zweitgrößten Automobilhersteller Japans. 1989 brachte Nissan seine Luxusmarke für den US-Markt auf den Markt: Infiniti.
Seit 1999 kooperieren die Japaner mit dem französischen Renault. Die beliebtesten Nissan-Modelle sind Micra, Qashqai, Skyline (besonders beliebt bei Tunern und Driftern) und sein Nachfolger – der GT-R.

Opel ist eine der beliebtesten deutschen Automobilmarken. Das Unternehmen wurde 1862 von Adam Opel in Rüsselheim gegründet. Zunächst beschäftigte man sich mit der Herstellung von Nähmaschinen, später auch von Fahrrädern. Nach dem Tod des Gründers im Jahr 1895 wurde das Unternehmen von seiner Frau und seinen fünf Söhnen übernommen. Nach 4 Jahren wurde der erste Opel-Patent-MotorWagen auf einem Fahrgestell von Friedrich Lutzmann produziert. Das erste Opel-Modell dieser Bauart wurde 1902 hergestellt - das 10/12PS-Modell. Als erster Hersteller in Europa führte Opel 1989 einen Katalysator als Serienausstattung ein. In Großbritannien werden Opel-Modelle unter dem Namen Vauxhall und in Australien unter dem Namen Holden verkauft.

OPEL

PEUGEUOT

Peugeot ist ein französisches Unternehmen, das Autos, Motorroller und Fahrräder herstellt, in der Vergangenheit auch Lastkraftwagen und Motorräder. Es wurde in Sochaux gegründet und von Jean Pierre Peugeot gegründet. Das erste Auto, der Serpollet-Peugeot, mit Dampfmaschine erschien 1889, doch erst das 1891 vorgestellte Daimler-Fahrzeug mit Verbrennungsmotor erwies sich als der richtige Schritt. Im Jahr 1929 begann mit dem Modell 201 eine Reihe dreistelliger Markierungen mit einer Null in der Mitte. Die erste Zahl gibt die Klasse an und die letzte Zahl ist die nächste Serie.

1948 kam das erste Nachkriegsmodell Peugeot 203 auf den Markt, das bis 1960 produziert wurde. 1959 kam erstmals ein Kühlerlüfter zum Einsatz, um Autos auf die kommenden Staus vorzubereiten.

Porsche ist ein deutscher Sportwagenhersteller mit Sitz in Stuttgart. Firmengründer war 1931 Ferdinand Porsche, ein Ingenieur, der zuvor Erfahrungen bei Daimler gesammelt hatte. Das erste nach ihm benannte Fahrzeug entstand bereits 1938, das erste Serienauto mit dem Porsche-Logo entstand jedoch erst 1948 – das Modell 356. Das beliebteste Porsche-Modell – der 911 – wurde 1963 hergestellt. Das Auto erwies sich als Welthit und erzielte nicht nur Erfolge im Verkauf, sondern auch im Sport. Der 911 war das erste Auto, das die berühmte Rallye Paris-Dakar gewann, ohne ein Geländewagen zu sein. Derzeit ist es eines der bekanntesten Autos der Marke. Man versuchte, den Erfolg des 911 mit Modellen wie dem 924/944, 928 und 968 zu wiederholen, aber keines davon gelang.

PORSCHE

RENAULT

Renault ist eine französische Automobilmarke, die Pkw und Lkw herstellt. Das Unternehmen wurde 1899 von den Brüdern Louis, Fernand und Marcel Renault gegründet. Bald entstanden weitere Modelle, bereits mit von den Firmeninhabern entworfenen Einheiten. Das erste Nachkriegsmodell war der 4CV, der 1961 durch das am längsten produzierte (bis zu 28 Jahre) Modell 4 ersetzt wurde. Der Renault 16 hingegen war der Vorläufer der heutigen Familienmodelle. Es war das erste Renault-Auto, das 1966 den Titel „Auto des Jahres" gewann.

Es war auch das erste Auto der Welt mit einer Fließheckkarosserie. Den Titel „Auto des Jahres" gewannen auch die Modelle Clio (1991 und 2006) und Scenic (1996).

Rolls-Royce ist ein englischer Hersteller von Luxuslimousinen. Die Idee einer Zusammenarbeit zwischen Charles Rolls und Henry Royce entstand 1904 während eines Mittagessens. Von Anfang an war die Marke auch in der Produktion von Flugzeugmotoren tätig, was 1973 zur Aufteilung der Marke in zwei Sparten beitrug. 1906 wurde das Modell Silver Ghost entworfen. Er war mit einem 7-Liter-Sechszylinder-Bodenventilmotor mit einer Leistung von weniger als 50 PS ausgestattet. Ein charakteristisches Merkmal der englischen Marke ist eine Statuette auf der Motorhaube - Spirit of Ecstasy, die für Reichtum und höchste Qualität steht. Bei den neuesten Modellen ist es aus Sicherheitsgründen durch einen speziellen Knopf unter der Klappe verborgen. Heute gilt Rolls-Royce als eine der exklusivsten und luxuriösesten Marken der Welt.

SEAT

SEAT ist eine spanische Pkw-Marke. Es wurde 1950 vom National Institute of Industry, einer Bankenorganisation, und dem Fiat-Konzern gegründet. Es waren die italienischen Autos, die als Vorbild für die ersten Seat-Modelle dienten. Das erste Modell war 1400 und seine Produktion begann 1953 in Barcelona. 1980 verkaufte Fiat seine Anteile an das Nationale Industrieinstitut und machte Seat zum ersten unabhängigen Automobilhersteller Spaniens. Damals wurde die Modellpalette stark modernisiert und es erschienen Modelle wie Ibiza, Marbella und Malaga. 1986 kaufte Volkswagen 51 % der Seat-Anteile. In den 1990er Jahren stiegen sie auf 99 %, als die ersten Modelle auf den Markt kamen, bei denen deutsche Technologie unter der von Giugiaro entworfenen Karosserie verborgen war.

Skoda ist ein tschechisches Unternehmen, das Personenkraftwagen herstellt. Die Ursprünge der Marke reichen bis ins Jahr 1895 zurück, als der Mechaniker Vaclav Laurin und der Buchhalter Vaclav Klement die Firma Laurin & Klement gründeten, die Fahrräder und ab 1898 auch Motorräder herstellte. Sie bauten 1901 ihren ersten Prototyp eines Autos und die Serienproduktion dauerte 27 Jahre. Im Jahr 1964 brachte Škoda ein Familienauto auf den Markt – das Modell 1000 MB. Sein Motor befand sich im Heck – hier wurde die Erfahrung von Fahrzeugen wie dem Fiat 600 oder dem Porsche 356 genutzt. Die Zusammenarbeit mit Volkswagen begann 1991, als Škoda dem Konzern der deutschen Marke beitrat. Das erste Modell der tschechischen Marke, das deutsche Technologie nutzte, war Felicia im Jahr 1994.

SKODA

Subaru ist eine japanische Marke für Personenkraftwagen und Lieferwagen. Die Geschichte des Unternehmens beginnt im Jahr 1953, als nach dem Krieg sechs Konzerne zu einem Unternehmen namens Fuji Heavy Industries vereint wurden, symbolisiert durch sechs Sterne im Firmenlogo. 1954 hieß der erste Prototyp P-1, ein Jahr später hieß das Modell 1500. 1992 wurde der berühmte Impreza vorgestellt. Colin McRae hat am Steuer mehrfach den Weltmeistertitel bei Rallyes gewonnen und so ist der Subaru Impreza zu einem untrennbaren Bestandteil von Rallyes geworden. Dank ihnen gewann das Modell auf der ganzen Welt an Popularität.

SUBARU

Suzuki ist eine japanische Marke für Personenkraftwagen, Lastkraftwagen, Motorräder und Motoren. Das Unternehmen wurde 1909 gegründet, als Michio Suzuki in der Küstenstadt Hamamatsu eine Fabrik für Webausrüstung gründete. Nach fast 30 Jahren erkannte Michio, dass sich sein Unternehmen auch in anderen Bereichen weiterentwickeln musste, also begann er 1937 mit der Entwicklung des Autos und nach zwei Jahren hatte er einige Prototypen. 1970 ist ein wichtiges Jahr für die Marke. Dann feierte die erste Generation des weltweit erfolgreichen Offroad-Modells Jimmy Premiere. 1983 beginnt der Verkauf des auf dem Markt sehr erfolgreichen Einliter-Pkw Swift. Auch der SX4 und der Vitara sind beliebte Modelle.

SUZUKI

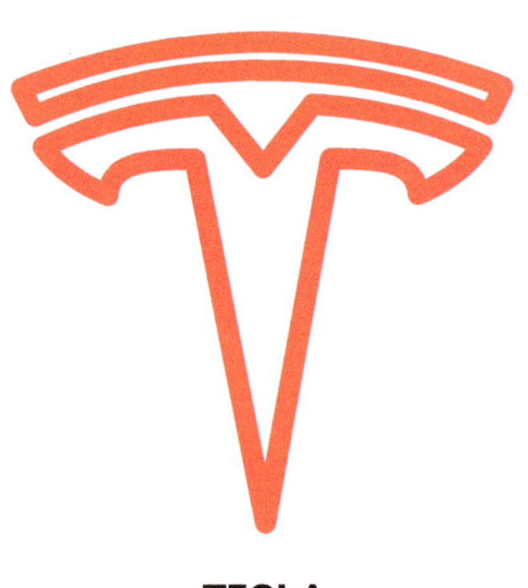

TESLA

Tesla ist eine amerikanische Marke für Luxus- und Sport-Elektroautos. Der Name des Unternehmens leitet sich vom Namen Nikola Tesla ab, ein serbischer Ingenieur und Erfinder vieler Elektrogeräte. Das Unternehmen wurde 2003 von Elon Musk gegründet. Die Arbeit am ersten Modell, dem Roadster, dauerte 5 Jahre. Im Jahr 2008 wurde es in Produktion genommen. Seine Leistung konkurrierte mit vielen benzinbetriebenen Sportfahrzeugen. Ein Jahr später wurde ein Fahrzeug mit Liftback-Karosserie vorgestellt. Mit einer Ladung sollte eine Strecke von 300 Meilen zurückgelegt werden können und gleichzeitig sportliche Fahrleistungen erzielt werden. Durch die Elektrifizierung der Automobilindustrie erfreut sich das Unternehmen immer größerer Beliebtheit.

Toyota ist eine japanische Automobilmarke, die 1918 von Sakichi Toyoda gegründet wurde und dessen Unternehmen zunächst in der Bekleidungsindustrie tätig war. Die Automobilabteilung wurde 1933 gegründet und zwei Jahre später wurde der erste Prototyp hergestellt. Die Produktion des ersten Modells – AA – begann im Jahr 1936. Im Jahr 1966 entstand die erste Generation eines der beliebtesten Modelle der Marke – Corolla. Im Jahr 2013 wurde die 11. Generation dieses Modells vorgestellt. 1992 entstand die vierte Generation des Sport-Supra-Moduls, das vor allem bei Tunern großen Anklang fand. Im Jahr 2015 erschien es auch in einigen europäischen Ländern. Toyota ist einer der größten Automobilkonzerne der Welt. Darüber hinaus besitzt das Unternehmen auch die Marken Lexus und Daihatsu.

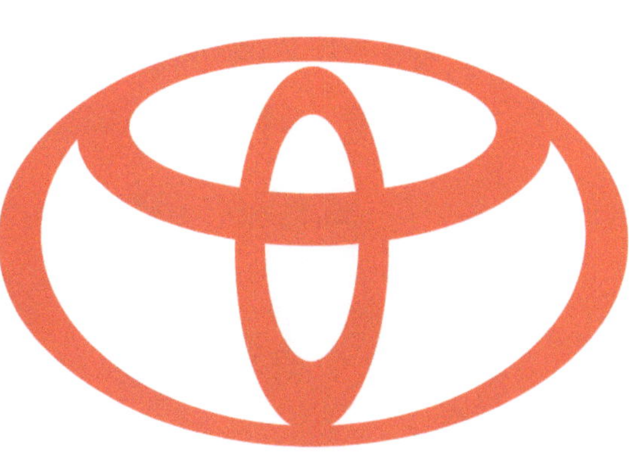

TOYOTA

VOLKSWAGEN

Volkswagen ist eine deutsche Marke für Pkw und Transporter und gehört zum Konzern Volkswagenwerk Aktien-Gesellschaft (VAG). Seine Geschichte beginnt im Jahr 1931, als die Firma Zündapp Ferdinand Porsche beauftragte, ein billiges Auto zu entwickeln. Im Jahr 1934 präsentierte Ferdinand im Auftrag Adolf Hitlers den ersten Entwurf des legendären Käfers. Es sollte ein günstiges Familienauto werden, und Hitler taufte es „Volksauto". Bis 2003, als die Produktion offiziell eingestellt wurde, wurden insgesamt über 21,5 Millionen Exemplare hergestellt. 1973 wurde ein weiteres sehr beliebtes Modell vorgestellt - der Passat. Gleich nach ihm feierte Golf sein Debüt. Er sollte den Erfolg des Käfers wiederholen, und das tat er auch. Zum Volkswagen-Konzern gehören Marken wie Audi, Skoda, Seat, Porsche, Lamborghini, Bugatti und Bentley.

Volvo ist eine schwedische Marke für Personenkraftwagen, Lastkraftwagen, Baumaschinen und Motoren. Der Firmenname bedeutet auf Schwedisch „umdrehen". Die Gründer wollten, dass ihre Fahrzeuge hochwertig und technisch ausgereift sind. Im Jahr 1966 entstand das Modell 144, das als das technologisch fortschrittlichste Auto der Welt galt. Das Auto verfügte über kontrollierte Knautschzonen, Scheibenbremsen an allen Rädern und Sicherheitsgurte gab es auch auf der Rückbank. 1999 wurde die Hälfte der Rechte an Volvo von Ford übernommen und nach 11 Jahren wurde der chinesische Geely der neue Eigentümer der Volvo Car Corporation. Derzeit produzierte Modelle haben einen Buchstaben vor der Nummer, der den Karosserietyp des Fahrzeugs angibt: C – Cabrio oder Coupé; S – Limousine; V – Kombi; XC – Offroad-Modell.

VOLVO

auch prüfen:

und vieles mehr!